OBSERVATIONS

RAPPORT DE LA COMMISSION D'ENQUÊTE

DE CONSTANTINE.

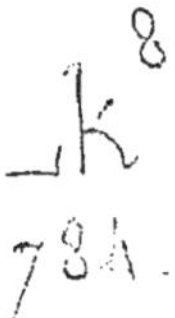

COMMISSION DES DÉLÉGUÉS

DES

CONCESSIONNAIRES DES CHÊNES-LIÉGE

DE L'ALGÉRIE.

OBSERVATIONS

SUR

LE RAPPORT DE LA COMMISSION

INSTITUÉE A CONSTANTINE

Par arrêté de S. Exc. le Maréchal Gouverneur général du 30 décembre 1865,

POUR L'ENQUÊTE

SUR LES INCENDIES DE FORÈTS EN ALGÉRIE.

(1863 - 1865.)

PARIS

IMPRIMERIE CENTRALE DES CHEMINS DE FER

A. CHAIX ET Cie

RUE BERGÈRE, 20, PRÈS DU BOULEVARD MONTMARTRE.

1866

TABLE

—

OBSERVATIONS

SUR LE

RAPPORT DE LA COMMISSION

INSTITUÉE A CONSTANTINE

PAR ARRÊTÉ DE S. EXC. LE MARÉCHAL GOUVERNEUR GÉNÉRAL DU 30 DÉCEMBRE 1865,

POUR L'ENQUÊTE

SUR LES INCENDIES DE FORÊTS EN ALGÉRIE.

(1863 - 1865).

A SON EXCELLENCE

Monsieur le Maréchal, Duc de Magenta, Gouverneur Général de l'Algérie.

MONSIEUR LE GOUVERNEUR GÉNÉRAL,

Votre Excellence a bien voulu, le 16 avril dernier, adresser à tous les concessionnaires de forêts de chênes-liége de l'Algérie le rapport de la Commission qu'elle a instituée à Constantine pour résumer les faits résultant de l'enquête générale sur les incendies des forêts.

En même temps Votre Excellence a invité les concessionnaires à lui transmettre les observations qu'ils jugeraient utiles.

ment à Alger; en sorte que, le délai qui nous était accordé pour présenter utilement nos observations ne nous permettant ni d'aller prendre ni de faire prendre cette communication, il a fallu y renoncer.

Sous le mérite de ce préambule, qui permettra à Votre Excellence d'apprécier la situation délicate qui nous est faite, nous allons aborder successivement les seules observations que nous ayons été mis à même de résumer ici.

§ 1er.

CAUSES DES INCENDIES.

Il existe, Monsieur le Gouverneur général, une dissidence grave sur les causes réelles et vraies des incendies entre l'opinion des concessionnaires de chênes-liége et celle de la Commission de Constantine ; entre le mémoire de Paris du 31 décembre 1865 et le Rapport officiel de Constantine du mois d'avril dernier.

Nous nous étions loyalement attachés à démontrer par les faits et par les circonstances qui ont précédé, accompagné ou suivi les incendies, par des témoignages irrécusables, par la notoriété et par l'invincible enchaînement des choses, par l'importance de graves paroles et de graves décisions émanant de l'autorité supérieure et de la justice, que l'esprit de haine et de révolte avait seul concerté les incendies et seul avait pu les allumer avec cette intensité, avec cette simultanéité, sur une pareille étendue et avec un aussi déplorable succès.

La Commission de Constantine s'est attachée, de son côté, à repousser cette assertion comme fondée sur la prévention ou sur de fausses apparences. Elle a attribué, non pas à la malveillance des Arabes, qu'elle reconnaît pourtant comme les auteurs des incendies, mais plutôt à leur persistance obstinée dans un système destructeur, les épouvantables sinistres qui ont désolé l'Algérie en 1860, en 1863 et plus encore en 1865.

Suivant elle, le besoin de terrains de culture ou le besoin de pacages pour leurs troupeaux ont, de tout temps, porté les indigènes à mettre le feu dans les forêts, pour y préparer les uns et les autres.

« En agissant ainsi, surtout avec l'aide du sirocco », dit la Commission (page 32 du rapport), « l'indigène cède à » une tentation aussi contagieuse chez lui, quand le be- » soin de l'incendie se fait sentir, que le bruit de la » poudre quand le combat l'attire. »

Et la Commission affirme, dès lors, qu'il ne faut plus chercher ailleurs la cause ni l'explication des incendies, et que, s'il est permis d'y trouver un délit, une contravention aux règlements et aux prohibitions formelles émanées de l'administration supérieure, il ne faut pas y voir une intention criminelle, ni la pensée d'un complot contre le gouvernement et contre la colonisation.

Tels sont, Monsieur le Maréchal, les deux aspects opposés de cette grave question, et nous pourrions ajouter que ce sont comme les deux camps où se placent en présence les partisans de l'une et de l'autre opinion, si nous n'avions très à cœur d'écarter de ce débat jusqu'à l'apparence d'un parti pris d'opposition aux vues et aux idées du gouvernement, et si nous ne préférions au danger de lui paraître des adversaires le sage parti de ne pas renouveler ici une discussion où nous n'aurions pas l'espoir de lui faire partager notre sentiment.

Atteints déjà trois fois par des sinistres toujours croissants, nous avons fait connaître à Votre Excellence nos pertes énormes, nos justes réclamations, nos craintes légitimes ; nous lui avons signalé les faits patents, les aveux, les preuves, sur lesquels se sont basés l'opinion générale, les réquisitoires et les graves condamnations prononcées contre les incendiaires ; nous ne pouvons que persister dans nos déclarations.

La Commission de Constantine cherche à nous rassurer : elle avoue que ce sont les Arabes qui nous ont incendiés, qu'il nous est dû réparation pour le passé et sécurité pour l'avenir.

Dans cet état de choses, et après ces aveux, il n'y a plus lieu de perpétuer la discussion sur les causes des incendies, et les concessionnaires s'en remettent sur ce point, Monsieur le Gouverneur général, à la haute et impartiale appréciation de Votre Excellence.

Ce qui importe aux concessionnaires, au point de vue de la conservation des forêts qu'ils exploitent, c'est que le gouvernement de l'Algérie prenne les mesures nécessaires pour conjurer le retour des incendies. La Commission de Constantine déclare elle-même que les Arabes sont les seuls auteurs des sinistres ; c'est contre eux dès lors qu'il devient indispensable de défendre les forêts, et, quel que soit le motif qu'on prête à cette action coupable, la responsabilité de l'État envers les concessionnaires sinistrés reste tout aussi rigoureuse, tout aussi étendue et non moins conforme, en principe, à sa justice, à sa dignité et à sa grandeur.

Ceci posé, et la Commission de Constantine elle-même ne pouvant sur ces points nous contredire, nous allons examiner rapidement, dans les pages suivantes, la question du capital consacré aux exploitations, celle des dommages éprouvés par les concessionnaires, et celle des indemnités qui lui st dues.

§ II.

CAPITAL CONSACRÉ AUX EXPLOITATIONS.

D'après le mémoire publié par le comité des concessionnaires, les sommes consacrées aux exploitations s'élèvent
à. .... 11,060,700 francs.
La Commission de Constantine, d'après l'avis du service
forestier, réduit ce capital (voir page 3) à.. 4,206,711 francs.

En ce qui concerne ce qu'elle appelle LE CAPITAL EX-
POSÉ, elle dit (page 27), « que le tableau — coté D — (1),
» fourni par le chef du service forestier, explique ces diffé-
» rences par cette circonstance que, outre les sommes *réelle-
» ment* dépensées dans les concessions, et les seules que le
» service forestier connaisse et doive faire entrer en ligne de
» compte, les concessionnaires ajoutent, sans doute, à leurs

____

(1) Le tableau coté D n'est pas publié, et le temps nous manque pour aller en prendre
communication à Alger. Il importait cependant que chaque concessionnaire fût mis à
même de comparer le chiffre de ses dépenses réelles avec celui du tableau du service
forestier. La Commission de Constantine n'a pas cru devoir nous donner cette satis-
action. Nous le constatons à regret.

» évaluations : d'une part, divers frais généraux, d'adminis-
» tration aux siéges des Sociétés à Paris, de voyages, etc., etc.,
» et d'autre part, les intérêts à **10** 0/0 du montant annuel
» des dépenses. »

Nous avons quelques observations à faire sur cette cita-
tion textuelle.

Le service forestier dit ne connaître que les sommes réellement dépensées dans les concessions. Il se trompe : la totalité des dépenses des concessionnaires, au moins pour seize
exploitations, est indiquée, concession par concession, page **12**
de notre premier mémoire.

Mettrait-il en doute la sincérité des déclarations faites au
comité ?

Nous nous bornerons, pour toute réponse à un soup-
çon qui serait offensant, à faire remarquer que la plupart
des concessions, et les plus importantes, appartiennent à
des Sociétés dont la comptabilité est soumise au contrôle
de comités et d'assemblées générales, à des règles fixées par
la loi de 1856, et qu'une fausse déclaration de dépense
exposerait les gérants de ces Sociétés à plus d'un danger.

Au surplus, tous les concessionnaires sont prêts à justi-
fier, par leurs livres de comptabilité, de l'exactitude de leurs
déclarations.

Le service forestier prétend en outre ne devoir faire entrer
en ligne de compte, que les dépenses faites dans les concessions. Pour quelle raison ?

Est-ce que les sommes dépensées pour l'obtention des
concessions, pour la prise de possession, pour constitution
des Sociétés, pour frais de voyage de France en Algérie et
d'Algérie en France, pour transports de matériel et de per-
sonnel, pour envois de fonds, pour l'administration à Paris,

pour révision du cahier des charges, pour la défense des concessions contre les incendiaires, etc., n'ont pas pour but la mise en valeur, l'exploitation et la conservation de la forêt, comme les travaux exécutés dans la forêt même ?

Toutes ces dépenses incombent au même titre à l'entreprise ; elles sont obligatoires, inévitables, et, entre elles, sans une flagrante injustice, il n'y a pas de distinction à faire.

Nous objectera-t-on que les dépenses ne profitant pas directement à la forêt sont considérables ? Mais est-ce notre faute, si toute affaire en Algérie, pour mille circonstances inutiles à rappeler, est plus difficile qu'en tout autre pays ? Est-ce notre faute, si trois fois, en cinq ans, nos concessions ont été ravagées par le feu, si encore aujourd'hui nous sommes entraînés dans une dépense inutile pour défendre nos intérêts et répondre aux assertions erronées, sur tant de points, du travail qui nous est communiqué ?

On nous conteste jusqu'au droit de comprendre l'intérêt de notre capital dans les sommes réellement dépensées par nous. Est-il donc, dans le monde, une entreprise quelconque où l'intérêt n'est pas capitalisé, quand il n'est pas servi ? L'État lui même ne fait-il pas payer l'intérêt à ses débiteurs en retard ?

On va plus loin encore, et quand on parle de ces intérêts, on prétend que nous les comptons à 10 0/0, lorsqu'il est constant, qu'ils ne sont comptés en général qu'à 5 0/0. (Les livres de la Société Dutreih et Ce, que nous avons entre autres sous les yeux, nous en donnent la preuve irrécusable.)

Pourquoi dénier les faits matériels ?

Pourquoi prendre des chiffres au hasard, lorsqu'il existe des chiffres réels ?

Pourquoi supposer des exagérations qui n'existent pas ?

Non, la Commission de Constantine n'est nullement fondée, quand, dans ses appréciations, elle réduit, d'un trait de plume, nos dépenses à 4,206,711 francs. Elle ne peut même pas expliquer cette réduction par le désir de réduire d'autant et nos pertes et les indemnités qui nous sont dues; car ce désir ne changerait rien aux faits accomplis, qu'il faut avoir le courage d'accepter dans toute leur vérité.

Dans la statistique des forêts de 1862 (voir *Tableau des établissements français en Algérie*, page 318) il est constaté que, pendant la période de 1850 à 1861, il avait été dépensé **3,151,154** francs, *chiffre fourni par le service forestier de la province de Constantine.*

Alors le total des concessions ne s'élevait qu'à 50,000 hectares et la durée des concessions n'était que de quarante années.

Depuis cette époque, la durée des concessions a été portée à 90 ans et leur étendue a été triplée; grâce à la confiance rendue aux concessionnaires, les dépenses faites dans les exploitations ont été considérablement augmentées.

Comment le capital consacré aux forêts au moment des incendies de 1865, pourrait-il n'être que de 4,206,711 fr., l'étendue en exploitation étant, d'après la Commission elle-même, de 143,716 hectares dans la seule province de Constantine ?

Comment, la superficie étant triplée, les conditions d'exploitation étant meilleures, le chiffre des dépenses pourrait-il ne s'être accru que d'un million en quatre années?

C'est donc à tort que la Commission de Constantine voudrait soutenir plus longtemps que le chiffre de nos pertes se réduit à une bagatelle pour de riches Sociétés, et que, pour toute indemnité, déniée en droit, mais accordée en fait, par mesure gracieuse, il suffirait de consentir une réduction proportionnelle de redevance qui, en l'an 1900 —

c'est-à-dire quand nous serons morts et nos enfants aussi, — nous couvrirait de la perte essuyée !

Mais réservons cette question d'indemnité pour un paragraphe suivant et démontrons encore combien la Commission de Constantine diffère d'opinion avec le service forestier de la province sur l'importance du capital engagé dans les concessions.

En 1860, M. Ernest Lambert, Inspecteur des forêts, attaché au service de la province de Constantine, a publié un ouvrage intéressant sous le titre : *Exploitation des Forêts de chênes-liége.*

Voulant déduire les résultats économiques d'une exploitation, M. Lambert prend pour exemple un lot de 3,000 hectares, sur lequel existeraient 700 hectares de vides et de clairières, ce qui réduit la surface boisée à 2,300 hectares.

Après avoir calculé les dépenses à faire sur ce lot pour le mettre en état de production normale, il les récapitule ainsi qu'il suit (voir page 81 de cet ouvrage) :

« Travaux préparatoires ou d'aménagement. Fr.   315,432
» Matériel et installation   80,000
» Gestion et surveillance   96,000
» Frais imprévus   8,568

Total général . . .Fr.   500,000

Ces calculs et la nature des dépenses qu'ils admettent sont confirmés et mieux précisés encore dans une publication officielle du gouvernement général de l'Algérie : *État actuel de l'Algérie* (1862) *publié d'après les documents officiels,* par ordre de Son Excellence le maréchal Pélissier, duc de Malakoff.

Il y est dit (pages 35 et 36) :

« Prenons un exemple : —Des calculs ont été faits, *avec un*

» *soin particulier*, par l'administration supérieure, et *sur les*
» *données d'individus essentiellement pratiques.* Or, suivant ces
» calculs, les dépenses résultant de la mise en valeur d'un
» lot contenant 3,000 hectares de chênes-liége s'élèvent à la
» somme de 302,400 francs qui, AVEC L'INTÉRÊT COMPOSÉ de
» cette somme au taux de 10 0/0, porte le *quantum* de la
» dépense à 551,858 francs, après une période improductive
» de dix ans.

» Après la onzième année du bail, les concessionaires com-
» menceront à récolter des produits; et ces produits aug-
» menteront d'autant plus, à chaque période de dix ans,
» que les forêts seront mieux aménagées; puis, en fin de
» compte, c'est-à-dire après un certain nombre de récoltes,
» la 53e ou 63e année du bail, ils auront amorti le capital
» engagé et réaliseront, chaque année, un bénéfice de
» 36,153 francs, les intérêts non compris. »

Laissons de côté les bénéfices à réaliser dans 53 ou 63 ans,
si les incendiaires le permettent, et ne nous occupons que
du présent.

Dans le présent, si l'on adopte les calculs de M. l'inspecteur des forêts Lambert, l'hectare mis en production coûte
au concessionnaire 217 francs, y compris les frais de gé-
rance et autres imprévus.

Si l'on adopte les calculs de l'administration supérieure,
l'hectare aménagé revient à 183 francs, y compris les intérêts capitalisés.

Si, au contraire, on prend le chiffre de dépenses réelles
déclarées par nous, on ne trouve que 105 francs par hectare,
toutes les concessions n'étant pas arrivées à la fin de la
dixième année.

En prenant comme base le chiffre de 183 francs à l'hectare, nous serions réputés avoir dépensé 18,978,930 francs,
au lieu des 11,060,700 que nous avons déclarés.

2

Nous n'avons donc rien exagéré, MONSIEUR LE GOUVERNEUR GÉNÉRAL, et nous ne pouvions pas exagérer puisque nous donnions des chiffres sincères.

Cependant on voudrait les réduire des deux tiers de ce qu'ils sont, ou des quatre cinquièmes de ce qu'ils devraient être d'après les prévisions administratives.

En effet, le chiffre de 4,206,711 francs, auquel la Commission réduit la dépense faite sur 146,516 hectares en exploitation, dans la seule province de Constantine, réduirait à 28 francs la dépense par hectare !

Mais la Commission irait encore plus loin, et en fixant à 410,222 francs la perte sur le capital engagé dans les 28,886 hectares brûlés en 1863 et 1865, le chiffre de la dépense, pour les exploitations les mieux tenues, serait réduit à 14 francs par hectare !

Il suffit d'énoncer de pareilles allégations pour faire apprécier leur véritable valeur.

Et l'on ne saurait, pour appuyer ces assertions erronées, accuser les incendiés de ne pas avoir consacré les sommes nécessaires à la mise en état de leurs concessions ; voici l'extrait d'une lettre officielle qui prouve le contraire.

Cette lettre, datée du 18 juillet 1861, est adressée par M. le Gouverneur de l'Algérie à M. le Préfet de Constantine.

Elle est, par conséquent, postérieure aux incendies de 1860.

On y lit le passage suivant :

« Au nombre des concessionnaires qui poursuivent réso-
» lûment la tâche qu'ils se sont imposée, le rapport du pre-
» mier trimestre de 1861 mentionne plus particulièrement :
» MM. Lucy et Falcon, de Robiac, Dutreih et Dene-
» chaux, Martineau des Chesnez, de Cès-Caupenne.
» Ce dernier, en attendant la saison des démasclages a
» employé de nombreux ouvriers pour l'ouverture de tran-

» chées, le débroussaillement, l'abatage des arbres morts,
» l'amélioration de la route de Jemmapes à la forêt qu'il
» exploite.

  » Veuillez témoigner à ces concessionnaires ma satisfac-
» tion de l'activité qu'ils déploient.

  » Recevez, etc. »

Signé : Le Gouverneur général

Maréchal Pélissier,

Duc de Malakoff.

Or, les exploitations de ces concessionnaires représen-
tent, savoir :

	En étendue totale.	En étendue brûlée.
MM. Lucy et Falcon . .	11,246 h.	9,600 h.
De Robiac.	3,800	405
Dutreih et Cie	3,667	1,400
Martineau des Chesnez	6,000	5,600
De Cès-Caupenne. . .	2,656	2,000
Ensemble. . . .	27,369 h. dont	19,005 h. brûlés.

C'est-à-dire que ce sont précisément ceux qui avaient le
plus dépensé et mérité le plus d'encouragement qui sont
le plus incendiés, puisqu'ils possédaient précisément aussi
les forêts dont les parties brûlées forment la presque totalité
des sinistres de 1860, de 1863 et de 1865 dans la province
de Constantine.

Ces concessions avaient 8, 9 et 11 ans d'exploitation et
touchaient à la limite des sacrifices. Dans les cinq qui
viennent d'être citées, on avait déjà dépensé un capital su-
périeur au chiffre accepté par le service forestier pour
l'ensemble de toutes les concessions.

La Commission de Constantine serait donc involontairement conduite à un déni de justice, si elle persistait dans ses évaluations du capital employé par les concessionnaires.

Nous restons, au surplus, convaincus, Monsieur le Gouverneur général, que le Conseil du Gouvernement de l'Algérie rétablira la vérité méconnue.

§ III

PERTES.

Dans notre premier mémoire et pour déterminer nos pertes, nous avons fait figurer, au tableau des exploitations forestières incendiées, non-seulement celles atteintes en 1863 et 1865, mais aussi celles qui l'ont été en 1860, plus la superficie des concessions de M. Portes fils et de Mme veuve Crell, situées dans la province d'Alger.

Ce tableau donne comme superficie démasclée atteinte par le feu, un total de 35,364 hectares.

La Commission de Constantine retranche la superficie sinistrée avant 1862, époque ou, dit-elle, la situation a été liquidée par le nouveau cahier des charges.

De plus, dans son tableau A (page 16), indiquant les contenances incendiées, elle ne comprend pas les forêts de la province d'Alger.

Et c'est ainsi que la contenance totale incendiée se trouverait réduite d'après elle à 28,826 hectares, dont :

9,279 hectares en 1863.

10,547 hectares en 1865.

La différence, entre notre chiffre, pour la superficie incendiée, et celui de la Commission de Constantine est de 6,538 hectares. Elle ne nous a pas paru assez importante pour faire l'objet d'une discussion, et, tout en regrettant cette tendance de diminution lorsqu'il s'agit de nos intérêts compromis, nous adoptons, pour l'évaluation de nos pertes, le chiffre de la Commission de Constantine, qui est de 28,826 hectares.

Mais en même temps nous prenons acte de sa déclaration, qui établit que ce chiffre comprend *la superficie gravement endommagée.*

Dans notre premier mémoire (page 158), nous disions :

« Nous perdons absolument la première récolte, sur la
» totalité des parties de forêts incendiées ;

» Nous perdons plus de la moitié des sujets de repro-
» duction atteints par le feu,

» Et nous perdons complétement le jeune peuplement
» des parties de forêts incendiées. »

Ceci est reconnu exact par la Commission de Constantine, du moins implicitement.

Nous avions estimé le nombre des arbres démasclés sur les 35,364 hectares incendiés et devant donner prochainement récolte, à 4,143,680 pieds.

La Commission de Constantine constate que, d'après les rapports du service forestier, il existe 4,776,880 pieds d'arbres brûlés sur la superficie de 28,826 hectares qu'elle admet.

Nous devons accepter ce chiffre de 4,776,880 arbres brûlés, mais en le divisant par la contenance de 28,826 hectares, il donne un peuplement moyen de 160 arbres à l'hectare ; c'est le peuplement maximum, et ceci prouve une fois de plus encore que *c'est sur les plus belles parties des forêts concédées que le feu est toujours et plus particulièrement dirigé.*

Nous prenons acte aussi de la division faite sur les arbres brûlés, en constatant que, sur leur nombre total, 3,268,480 pieds sont complétement morts, et que 1,508,400 pieds seulement resteraient encore vivants.

Voici donc des bases certaines dans l'évaluation des pertes éprouvées, soit : 28,826 hectares atteints par le feu; 4,776,880 pieds d'arbres brûlés (ce qui est plus considérable que nous l'avions nous-mêmes affirmé), 3,268,480 arbres morts, et **1,508,400** arbres survivants.

La conclusion semble facile à déduire.

Mais après que chacun des concessionnaires a lu avec le plus grand soin, avec le plus grand désir de le comprendre, le chapitre du rapport de la Commission de Constantine consacré aux pertes, tous nous écrivent, et leurs lettres en font foi, qu'il a été impossible à leur intelligence de saisir le sens de la démonstration du rapport.

La Commission veut être *large, très-large*, elle compte *largement*, et, en compensant *amplement*, par une *estimation à sa limite maxima*, elle arrive (dit-elle, pages 22 et 23 de son rapport) à *une valeur productive au moins équivalente à celle des arbres disparus, avant l'expiration d'une période de vingt-sept à trente ans*, en portant la perte totale, pour les incendies de 1863 et 1865, aux chiffres suivants, savoir :

Sur le capital à .... 410,222 fr.
Et pour dépense nouvelle à faire en travaux
   de recépage et de démasclage à .... 804,536 »

Soit ensemble à 1,214,758 fr.

Au lieu des DIX-HUIT MILLIONS en chiffres ronds auquel nous avions estimé le dommage que nous causent les incendies. A ce sujet, l'un des membres du comité des concession-

naires, actuellement en Algérie, nous adresse une lettre
dont nous extrayons les passages suivants :

« La Commission de Constantine, dans son rapport (p. 16),
» porte à 19,547 le nombre des hectares désmasclés dé-
» truits par le feu en 1865, et à 9,279 celui dévoré en
» 1863, soit en tout 28,826.

» C'est d'après ce chiffre qu'il faut calculer les pertes
» pour les fermiers, comme pour l'État propriétaire.

» La Commission porte à 410,222 francs le montant de
» la perte subie sur le capital engagé ; si on divise ce
» chiffre par celui qui représente le nombre des hectares
» brûlés, on trouve, par hectare détruit, une perte de 14 fr.
» 25 c., en chiffres ronds.

» Dans une brochure qu'il a publié en 1860, M. Lam-
» bert, inspecteur des forêts, estime à un chiffre bien su-
» périeur la somme strictement nécessaire pour mettre un
» hectare de forêt en valeur.

» Si son appréciation est exacte, la perte proportionnelle
» au capital dépensé ne peut pas être de 410,222 francs.

» Si la Commission eût admis les bases établies par l'un
» de ses membres et le plus autorisé par ses études spé-
» ciales, nous aurions pu examiner et discuter ses appré-
» ciations, bien que les chiffres de M. Lambert ne tiennent
» pas compte *de la juste rémunération à laquelle donnent droit*
» *nos efforts et la part considérable que nous avons prise à l'œuvre*
» *commune de la colonisation.*

» Par quel étrange oubli des chiffres acceptés par tout
» le monde, la Commission en est-elle arrivée à établir que
» la perte, par hectare, se trouvait réduite à 14 fr. 25 c.
» et comment, avant de la fixer, n'a-t-elle pas consulté
» celui de ses membres qui paraissait devoir le mieux
» l'éclairer ?

» Certainement, si M. l'Inspecteur Lambert eût été con-

» sulté, il aurait empêché d'écrire un pareil résultat qui
» contredit, non-seulement les énonciations de sa brochure
» précitée, mais qui détruit aussi tous les calculs auxquels
» il s'est livré en 1860, après les incendies, pour estimer
» les pertes de l'État et celles de ses fermiers.

» Si la Commission se fût reportée aux rapports que
» M. Lambert a faits à cette époque, lesquels sont encore
» dans les archives de la Conservation de Constantine et
» qu'on peut y trouver, elle eût pu y voir que la perte des
» fermiers y était estimée à plus de quatre fois celle de
» l'État, même pour des forêts dont la plus grande partie
» n'était pas encore démasclée.

» Évidemment, si ce fonctionnaire avait été consulté, il
» n'aurait pas permis que ses précédents travaux fussent
» démentis jusqu'à laisser croire que les pertes du fermier
» ne sont plus que de moitié de celles de l'État, dans une
» forêt entièrement démasclée, et où ce dernier a, consé-
» quemment, tout perdu, alors qu'en 1863 la perte du fer-
» mier était quadruple de celle de l'État, même quand cette
» perte était calculée pour une forêt où les travaux n'étaient
» pas terminés. »

Nous appelons, Monsieur le Gouverneur général, l'atten-
tion toute particulière de Votre Excellence sur ces observations concluantes que nous avions tous déjà faites ici et
qui ne pourront manquer de vous frapper.

Mais ce ne sont pas seulement nos trop justes observations qui doivent contredire les chiffres de la Commission
de Constantine ; ce sont aussi les calculs déjà cités de
l'administration supérieure, faits, ainsi qu'il est dit dans la
publication officielle de 1862, *avec un soin particulier et sur
les données d'individus essentiellement pratiques.*

D'après ces calculs (voir *État actuel de l'Algérie, 1862,
publication officielle, page 34*), « la dépense de la mise en

» valeur d'un lot contenant 3,000 hectares de chènes-liége
» s'élevaient à la somme de 302,400 francs, qui, avec
» l'intérêt composé de cette somme au taux de 10 0/0, porte
» le *quantum* de la dépense à 551,858 francs, après une
» période improductive de dix ans. Soit, d'aprés cette base,
» une dépense de 183 fr. 95 c., à l'hectare. »

Or, la Commission de Constantine reconnaît qu'il y a 28,826 hectares de forèts fortement endommagés par le feu dans les incendies de 1863 et de 1865.

Ce serait donc, en multipliant 28,826 hectares par 183 fr. 95 c. un premier capital de 5,302,542 fr. 70 c. perdu dans ces incendies, d'après les calculs même de l'adminis-tration.

Dans notre premier mémoire, nous disions (page 159) :

« Les concessionnaires perdent réellement :

» 1° Le capital engagé pour la mise en état des parties
» incendiées soit . . . . 3,890,000 francs.

Notre estimation, pour la perte du capital engagé, est donc inférieure au résultat des calculs de l'administration supérieure. Nous n'avons donc encore rien exagéré sur ce point.

Alors pourquoi s'élever contre des calculs indiscutables?

Pourquoi porter à 410,000 francs seulement ce que les faits et les appréciations des hommes compétents et l'admi-nistration elle-même portent à plus de 3,890,000 francs?

Nous espérons encore qu'il y a là quelque erreur d'im-pression, et que le chiffre de la Commission de Constantine doit ètre de 4,102,220 francs.

La Commission de Constantine reconnaît que les 28,826 hectares, GRAVEMENT ENDOMMAGÉS, ne donneront pas de récol-tes, pour les arbres morts, avant trente ans, et pour les arbres survivants, avant neuf ans.

La proportion des uns aux autres est, d'après ses calculs, dans les rapports suivants :

3,268,480 arbres morts ;

1,508,400 arbres survivants.

Pour les arbres morts, c'est une perte reconnue de trois récoltes ; pour les arbres survivants, c'est une perte reconnue d'une récolte.

Or, dans notre premier mémoire, après avoir porté en compte, pour la perte du capital engagé....Fr.   3,890,000

Nous ajoutions le gain légitime que la récolte devait produire après vingt années d'attente, soit..Fr.   5,443,280

La Commission de Constantine repousse cette réclamation légitime sans donner aucun motif à l'apppui de son opinion.

Elle se borne à dire (page 28) :

« Les concessionnaires estiment la valeur à venir des » récoltes perdues ou manquées sur les arbres incendiés, » *ce qui constitue bien la perte de bénéfices d'avenir* et le *manque* » *à gagner*, en admettant, dès aujourd'hui, comme certai- » nes des récoltes exposées *à toutes les éventualités de l'avenir.* »

Ainsi, la Commission reconnaît que notre chiffre de 5,433,280 francs représente bien « *la perte des bénéfices d'a-* *venir,* » mais elle l'efface, parce que sa réalisation était soumise à des éventualités.

Comment admettre de semblables conclusions ?

Ainsi, d'après la Commission de Constantine, nous n'aurions transporté nos personnes, nos industries, nos fortunes, en Algérie, que pour y courir des chances de pertes et non avec la certitude de bénéfices à réaliser après des sacrifices prévus ?

Sans les incendies, nous devions, après notre première

récolte décennale, en obtenir une seconde dans vingt ans, une troisième dans trente ans ; les incendies nous enlèvent non-seulement la première récolte, mais encore la seconde et la troisième ; le dommage est flagrant : il doit être apprécié et réparé.

La Commission de Constantine admet bien *la perte des bénéfices d'avenir, le manque à gagner*, et ces termes sont affirmatifs de notre droit, mais elle repousse l'idée d'une évaluation pour repousser l'idée d'une réparation.

Nous espérons fermement, Monsieur le Gouverneur général, que Votre Excellence ne voudra pas consacrer une aussi profonde erreur de fait, d'équité et de droit.

Mais passons à la perte des sujets de reproduction.

Nous avons estimé que cette perte devait équivaloir à celle de notre capital engagé et de nos premières récoltes anéanties, soit à **9,323,280** francs, ce qui élève notre perte totale à DIX-HUIT MILLIONS, en chiffres ronds.

Nous avons dit à ce sujet :

« Avant les incendies, dans les intervalles des grands
» arbres portant récolte, poussait un jeune peuplement de
» tous âges, dans lequel reposait l'avenir de nos exploita-
» tions, car il était destiné à remplacer, dans un temps
» plus ou moins éloigné, les arbres vieux ou mal venus sous
» le régime de l'inculture. »

Pour tous les concessionnaires, ce jeune peuplement avait, en effet, une valeur au moins égale à celle des arbres qui se trouvaient sur le sol au moment de la prise de possession des concessions.

Par suite des incendies, ce jeune peuplement est complétement perdu, *tronc, souche et racines*, et c'est encore là un élément de dommage qu'il importe d'apprécier.

La Commission de Constantine ne nie pas cette perte

considérable, mais elle se croit autorisée à ne pas la chiffrer
en disant : « *Jeunes brins, encore incultes et inexploitables !*
» (voir page **28**), alors qu'elle affirme (page **21**) que les
» jeunes rejets à repousser, après recépage des arbres brûlés,
» seront bons à démascler au bout de dix ans *et qu'ils com-*
» *penseront nos pertes.* »

Ainsi, lorsque le feu allumé systématiquement dans nos
forèts a détruit les jeunes brins poussés, ils seraient sans
valeur et sans avenir, dès que leur évaluation pourrait ètre
comptée dans nos éléments de pertes.

Et lorsque, au contraire, il s'agit du recépage de la forèt
incendiée, les jeunes brins à repousser prendraient subite-
ment une valeur, parce que cette valeur pourrait compenser
nos pertes.

Quelle fâcheuse contradiction !

Nous ne pouvons, Monsieur le Gouverneur général, qu'en
appeler sur ce point encore à votre équité et à celle du Conseil du Gouvernement pour ramener toutes choses à la vérité.

La Commission de Constantine commet encore beaucoup
d'autres erreurs que nous devons rectifier avec d'autant plus
d'empressement, qu'elles portent particulièrement sur les
nouvelles dépenses qui seront la conséquence des incendies,
ou sur les produits que ces dépenses prépareront, et que nous
ne devons ni laisser croire à la minimité de découverts qui seront malheureusement trop importants, ni à
la rapidité du rendement nouveau, qui sera malheureusement trop tardif.

En tenant compte, dans une très-faible mesure, dit-elle,
des produits à utiliser, la Commission de Constantine
prétend que le recépage des arbres morts ne coûtera que
2) centimes par pied d'arbre.

C'est supposer qu'un bûcheron, payé 3 francs par jour,

abattra, dans sa journée, une moyenne de quinze arbres en bois dur, mesurant de 30 à 50 centimètres de diamètre. Et c'est là une grave erreur.

M. Lucy, vice-président de notre comité, a fait soumettre, dans son exploitation, au contrôle de l'expérience, l'estimation de la Commission de Constantine; il résulte de l'épreuve que l'abat des arbres pratiqué, pendant que les sujets sont encore frais, par des ouvriers expérimentés et surveillés, a coûté beaucoup plus.

M. Lucy a porté à la connaissance de Votre Excellence, Monsieur le Gouverneur général, par lettre en date du 19 mai dernier, le procès-verbal de ces expériences, et vous avez pu vous convaincre de la précision consciencieuse avec laquelle elles ont été faites.

De plus, il faut débiter le tronc et les branches de manière à les rendre transportables, car on ne peut les laisser pourrir sur place, où ils seraient un double danger pour la forêt: danger de vermine, danger d'incendie.

Il y a 3,268,480 arbres à couper par le pied, à débiter par morceau d'un mètre de longueur; un pareil travail est coûteux et ne peut être fait, ni dans une saison, ni dans deux, surtout avec le petit nombre d'ouvriers expérimentés qu'on trouve dans le pays; enfin, le bois dur, brûlé, séché depuis deux ans, repousse la hache et exige la scie, soit le travail de deux hommes, ce qui devient plus coûteux encore.

Chaque arbre, avec son tronc et ses branches, donnant en moyenne un tiers de stère de bois, il y aura environ un million de stères de bois à sortir des forêts, à travers mille obstacles, ce qui entraîne de nouvelles dépenses.

Au lieu de 20 cent. par pied d'arbre, c'est donc 2 fr. qu'il faut écrire, en comprenant les frais de transport; et c'est non pas 653,696 fr., mais bien 6,536,960 qu'il faut, pour être exact, inscrire aux dépenses nouvelles, de ce chef.

Puis ce bois sorti, qu'en fera-t-on?

La Commission constate elle-même (pages 18 et 19) que *le bois est sans valeur dans la province de Constantine*, même dans le rayon d'approvisionnement de hauts-fourneaux existants et des chemins de fer en construction.

On n'en pourra donc tirer aucun prix suffisant pour compenser même le quart des dépenses.

Au surplus, l'expérience l'a bien prouvé déjà, car dans la forêt incendiée de MM. Martineau des Chesnez et Cᵉ, on a dû renoncer à ce mode ruineux d'exploitation transitoire.

Comment la Commission peut-elle oublier tous ces détails importants et commettre de semblables erreurs?

La Commission de Constantine estime les frais d'un nouveau démasclage des arbres brûlés à 10 centimes par pied, l'opération étant par elle réputée plus facile que le premier démasclage sur liége vierge.

C'est encore une nouvelle et grave inexactitude constatée par tous les concessionnaires.

L'opération du démasclage d'un chêne touché par le feu est bien plus longue et bien plus délicate que celle d'un chêne ordinaire, parce qu'il faut essentiellement éviter que le liber, soudé au liége par l'effet de la chaleur, ne se détache de l'arbre en même temps que le liége et n'occasionne au chêne une plaie mortelle.

Un ouvrier expert, consciencieux, est donc nécessaire pour cette opération ; et certes, le démasclage reviendra à plus de 10 centimes par pied d'arbre, si ce n'est au double. Ceux d'entre nous qui ont le plus de pratique dans l'exploitation des forêts de chênes-liége, tant en Algérie que dans le département du Var et en Espagne, estiment à 20 centimes le prix qu'il faudra donner, par pied d'arbre, pour que le travail soit fait par un bon ouvrier.

La Commission de Constantine prétend que les nouveaux rejets de souche d'arbres recépés seront bons à démascler au bout de 10 ans, et qu'à 27 ou 30 ans leur produit sera équivalent à celui qu'eussent donné les arbres abattus après l'incendie.

Mais cette dernière prétention est aussi peu admissible que les autres.

Et d'abord de quels arbres parle-t-on?

Est-ce des arbres survivants?

Pour ceux-ci, il faudra attendre au moins deux ans, sous peine de les faire périr, avant de les démascler et de les remettre en état de production; dépouillés alors seulement de leur écorce brûlée et invendable, les sujets attaqués par le feu se rechargeront lentement, et c'est à peine si, 13 ans après l'incendie, on pourra en tirer quelques produits.

Est-ce des arbres morts?

Pour ceux-là, l'abat, le débitage et le transport, à supposer que le capital nécessaire à ces opérations soit immédiatement disponible et que les concessionnaires consentent à se charger d'une aussi énorme tâche, ne peuvent être effectués avant plusieurs années, ce qui retardera d'autant la date de production des nouveaux rejets.

Le premier démasclage sur ces nouveaux rejets ne pourra être effectué, après 10 ans, que sur ceux exceptionnellement hâtifs; pour le plus grand nombre, il faudra attendre pour le démasclage, 12 et 15 ans, si on ne veut pas s'exposer à arrêter la croissance des arbres.

A ce moment que récoltera-t-on? non pas un liége de reproduction vendable, mais simplement un premier liége de qualité inférieure qu'il faudra enlever avec frais, pour retrouver 10 ou 12 ans plus tard la véritable écorce commerciale.

Et si, par un résultat heureux, après 27 et 30 ans, la forêt régénérée peut donner du liége, les concessionnaires n'en auront pas moins été privés de la récolte à provenir des branches latérales des arbres arrivés à toute leur puissance de production et qui composaient une partie importante du peuplement des forêts avant les incendies.

Il est, en vérité, bien regrettable qu'alors qu'il s'agit d'apprécier des pertes aussi graves que les nôtres, la Commission de Constantine n'ait pu prévoir aucun des mécomptes qui viennent d'être signalés et qui constituent autant d'éléments irréfutables.

Nous ne pouvons donc, Monsieur le Gouverneur général, accepter les conclusions de la Commission de Constantine sur l'évaluation de nos pertes, et les concessionnaires, par les raisons ci-dessus déduites, maintiennent, avec toute l'autorité du fait démontré et dans la sincérité de leur conscience, les chiffres qu'ils ont produits dans le mémoire du 31 décembre dernier.

§ IV.

PROPRIÉTÉ DES FORÊTS.

Nous ne pouvons laisser passer sans observations le doute émis sur les droits de propriété des forêts.

Ce n'est pas nous, MONSIEUR LE GOUVERNEUR GÉNÉRAL, qui posons la question ; c'est la Commission de Constantine qui nous oblige à l'examiner.

« Avant la conquête, dit-elle, les forêts faisaient partie » du domaine public des tribus. »

Conséquemment, *elles n'appartiennent pas à l'État*, si ce n'est au titre d'administrateur du domaine public.

« La loi du 16 juin 1851, ajoute la Commission, et le sé- » natus-consulte de 1863, ont successivement établi et con- » sacré le *principe* du droit de l'Etat à la propriété des fo- » rêts, mais sous réserve des droits de propriété ou d'u- » sage préexistants, au profit des tribus ou fractions de » tribus.

» Il est regrettable, ajoute-t-elle encore, qu'avant toute » autorisation d'exploitation, on n'ait pas déterminé nette- » ment, sur le terrain, après enquête contradictoire, la » part de chacun de ces divers droits de propriété et d'u-

» sage qui, dans la pratique, n'étaient ni définis, ni connus. »

Ainsi, d'après la Commission de Constantine, l'Etat n'est propriétaire des forêts qu'*en principe*, et, dans la pratique, les droits de propriété et d'usage des indigènes, réservés par une loi et par un sénatus-consulte, ne sont ni définis ni connus.

Voilà de bien graves aveux sortis de la plume d'une Commission d'enquête !

Mais une circulaire, en date du 8 février 1862, adressée par M. le Gouverneur général Duc de Malakoff, aux généraux commandant les trois provinces, témoignerait aussi que le doute sur les droits de l'Etat existait en 1862 comme en 1866.

On trouve les passages suivants dans cette circulaire, qui vient de nous être communiquée :

« Deux arrêtés ministériels ont déclaré les forêts de......
» .... et de....... propriété de l'Etat et soumises au
» régime forestier.

» Cependant, les Kabyles ont continué à y faire de vérita-
» bles actes de propriété.

» Observations, démarches et procès-verbaux n'ont pu
» empêcher ces abus.

» Pensant que cet état de choses prenait sa source dans
» la non-fixation, la non-définition des droits d'usage
» réservés, je vous ai prié de faire procéder le plus promp-
» tement possible au règlement de ces droits.

» Alors, les Kabyles ont élevé des prétentions, non plus
» à de simples droits d'usage, mais A LA PROPRIÉTÉ DES
» FORÊTS. Ces prétentions reposeraient, dit-on, les unes sur
» des titres qu'on ne présente pas, les autres sur une pos-
» session immémoriale attestée par la notoriété publique. »

M. le Gouverneur général expose ensuite les raisons qui **ont fait déclarer ces forêts propriété de l'Etat, mais raisons** qui n'établissent pas qu'elles aient fait partie de l'ancien domaine turc, ce qui ne pouvait être, puisque les contrées dans lesquelles sont situées ces forêts n'ont jamais été soumises au gouvernement qui nous a précédés, ou ne lui ont été soumises que nominalement.

Puis il est ajouté :

« Les diverses considérations qui viennent d'être invo-
» quées créent évidemment, en faveur de l'Etat, une PRÉ-
» SOMPTION LÉGALE DE PROPRIÉTÉ, tellement puissante que l'ad-
» ministration semblerait devoir renvoyer les indigènes à
» faire la preuve contraire devant les tribunaux.

» Quoi qu'il en soit, comme il n'est pas prouvé que, lors
» de la première reconnaissance de ces forêts, les indigènes
» aient été suffisamment mis en demeure de produire leurs
» réclamations, je pense qu'il y a lieu de charger une nou-
» velle commission forestière d'en examiner, dans un bref
» délai, les réclamations. »

M. le Gouverneur général donne ensuite des ordres pour que cette commission soit instituée, et trace la marche à suivre dans ses appréciations.

Enfin la circulaire ajoute :

« Lorsque la Commission aura terminé son travail, vous
» voudrez bien, après en avoir communiqué les résultats
» aux chefs des services des domaines et des forêts, me les
» transmettre avec vos propositions, afin que je puisse pren-
» dre une décision. »

Aucune décision n'a été prise, que nous sachions.

Ainsi : en 1862, après des arrêtés ministériels qui déclarent les forêts propriété de l'Etat et les soumettent au régime forestier, après des décisions qui saisissent des fermiers du droit d'exploitation, le Gouverneur général de l'Algérie ne peut opposer aux réclamations des indigènes qu'une *présomption légale de propriété.*

En 1866, après quatre années de nouvelles recherches, la Commission de Constantine ne voit dans l'article 4 de la loi de 1851 et dans l'article 5 du sénatus-consulte de 1863 qu'un droit de l'Etat établi en *principe* et *non dans la pratique*.

La part de chacun des ayants droits, Etat et indigènes, n'est donc ni définie ni connue ?

Tant qu'il y aura doute sur les droits de l'Etat, *et doute admis par l'autorité supérieure elle-même,* les indigènes pourront donc invoquer ce doute pour porter le feu dans nos concessions, comme s'ils le portaient chez eux-mêmes ?

Il ne pourrait donc y avoir, pour les concessionnaires, aucune sécurité, quelles que fussent les précautions prises ?

Voilà de tardives révélations, qui puisent dans les sources dont elles émanent un caractère de haute gravité !

Une pareille situation engage au plus haut point la responsabilité de l'Etat dans les incendies de 1860, de 1863 et de 1865 ; et avant de pouvoir stipuler aucune nouvelle condition au nom du bailleur, le premier devoir de l'administration est au moins d'assurer les droits de l'Etat à la propriété des forêts affermées, afin qu'il n'existe plus aucun doute à ce sujet, ni dans l'esprit des indigènes, ni dans celui de l'autorité locale chargée de faire respecter les droits du propriétaire et ceux des fermiers, en même temps que de prévenir et de réprimer les incendies.

Nous prenons acte de cette situation qui nous était complétement inconnue, et nous faisons nos plus expresses réserves à cet égard,

§ V

INDEMNITÉS.

Lorsque nous demandons à être indemnisés des pertes que les incendies nous ont causées par trois fois, la Commission de Constantine nous renvoie au cahier des charges, qui est, dit-elle, la loi des parties.

Voyons quelle est cette loi.

« Si la forêt, dit l'article 75, venait à être détruite, en totalité ou en partie, par des incendies *ou tout autre accident fortuit*, tel par exemple qu'une mortalité extraordinaire des arbres, le concessionnaire pourra obtenir, suivant les circonstances, soit une diminution du prix, proportionnelle à la réduction de sa jouissance, soit même la résiliation de son contrat. »

Cet article, nous le demandons, est-il applicable dans l'espèce ?

Les contractants ont entendu parler d'incendies *accidentels*, comme il en peut advenir dans toutes les forêts, et non d'incendies *volontairement allumés* par toute une population qui *cède à la tentation d'incendier.*

Nous ne nous trouvons donc pas en présence d'un cas prévu par l'article 75, quoiqu'il y soit question d'incendie.

La commission de Constantine est aussi de cet avis, elle le déclare nettement (page 42 de son rapport).

« Les incendies de 1865, dit-elle, et même ceux de 1863 ont pris, sur plusieurs points, des proportions qui *dépassent les prévisions d'après lesquelles administrateurs et concessionnaires avaient établi le cahier des charges qui les engage réciproquement.* »

En effet, les incendies en 1860, en 1863 et en 1865 ont pris une proportion et un caractère que nul n'a pu prévoir; malgré toutes les précautions prises par le législateur, par l'autorité supérieure, par le commandement, par l'administration, par les concessionnaires, ces incendies ont dévoré des forêts entières; le feu était mis et rallumé partout à la fois, sur tout le littoral.

Tous les rapports officiels attribuent ces sinistres à la malveillance des Arabes, qu'ils signalent comme les auteurs des incendies, et la justice a dû requérir de nombreuses condamnations, même des condamnations capitales!

Ce cas n'a pas été prévu et ne pouvait pas l'être, et c'est ailleurs que dans la lettre du contrat, limitée très-évidemment à une prévision accidentelle, qu'il faut chercher la solution de la question.

Nous avons toujours pensé, pour l'État comme pour nous, que la voie amiable était préférable à la voie contentieuse; c'est pourquoi nous nous sommes tout d'abord adressés au Gouvernement général de l'Algérie, en lui faisant connaître loyalement l'étendue de nos pertes et les causes vraies auxquelles elles sont dues; nous espérons encore, Monsieur le Gouverneur général, que le gouvernement de la colonie ne nous obligera pas à recourir à une autre juridiction, et qu'il ne voudra pas prétendre, avec la Commission de Constantine, que si, « en droit, le bailleur doit ga-

» rantir au preneur la jouissance de la chose louée, c'est
» seulement dans les conditions où il la possède lui-même,
» c'est-à-dire, exposée comme elle est aux chances d'in-
» cendie et à tout accident de force majeure qui ne sont pas
» du fait du bailleur. »

En tous cas, nous devons réfuter ici cette étrange théorie qui ne tendrait à rien moins qu'à permettre à l'Etat propriétaire de rester spectateur irresponsable et impassible entre l'incendiaire presque justifié et le concessionnaire fermier complétement ruiné.

QUANT A LA JOUISSANCE DE LA CHOSE LOUÉE, il est aujourd'hui démontré que les indigènes et les autorités locales ne croient pas cette jouissance légitime, puisqu'ils mettent tous en doute le droit de propriété de l'Etat.

Mais l'Etat nous a loué, il nous doit la possession paisible ; et si cette possession est troublée et doit l'être encore, parce que son droit à lui-même est indécis et contesté, l'Etat doit nous indemniser des pertes que nous cause un trouble qui vient de son fait et non du nôtre.

Il y a là une thèse d'équité et de droit qui s'élèvera toujours au-dessus des prétentions contraires.

QUANT AUX CHANCES AUXQUELLES LES FORÊTS DE L'ETAT SERAIENT NATURELLEMENT EXPOSÉES et que nous devrions subir comme lui, comment a-t-on pu soutenir que les incendies systématiques de 1860, de 1863 et 1865 soient compris dans ces chances?

On ne veut pas parler de complot, on ne fait état ni des foyers incendiaires préparés de longue main, ni des signaux, qui ont ordonné les sinistres, ni de l'immense espace qu'ils ont envahi au même moment, ni des coupables saisis en flagrant délit, etc., etc., mais on nous déclare aujourd'hui (voir pages 30 et 32 du rapport de la Commission *« qu'en temps de siroco, l'indigène cède à une tentation aussi con-*

» *tagieuse chez lui quand le besoin de l'incendie se fait sentir, que*
» *le bruit de la poudre quand le combat l'attire.* »

Cela est-il donc écrit en tête de nos cahiers des charges, pour que nous devions le subir et y trouver d'incessantes cause de ruines et le refus de toute réparation?

Evidemment non ; et si ce vice radical est si profondément enraciné chez l'indigène, qu'aucune puissance humaine et gouvernementale ne puisse le réprimer, il constitue pour la forêt affermée, le VICE CACHÉ, LA SUPPRESSION ou le PÉRIL INCESSANT de la chose louée, qui rendent toute exploitation impossible de l'aveu même du propriétaire, et qui doivent entraîner, contre lui, la résolution du contrat, la restitution des dépenses et des dommages-intérêts.

Il y a là encore une thèse d'équité et de droit qui devra triompher des opinions contraires.

Mais, si l'on croyait la Commission de Constantine, les concessionnaires fermiers mériteraient à peine un sérieux intérêt.

Leurs capitaux seraient simplement des capitaux EXPOSÉS, comme s'il fallait renoncer à toute idée de les recouvrer jamais.

Leurs chances d'exploitations se réduiraient à des CHANCES D'INCENDIES prévues et qu'il faudrait subir sans se plaindre, parce que le peuple au milieu duquel nous exploitons est essentiellement incendiaire, et qu'aucune puissance ne pourra mettre un terme aux lugubres dévastations qui résument *ses habitudes pastorales.*

Est-ce là le langage qu'on nous tenait, au nom de l'Etat, quand on nous sollicitait de devenir ses concessionnaires fermiers et de concourir avec lui et pour lui au développement de la colonie ?

Les concessionnaires étaient-ils des hommes sans consistance qu'on expédiait aux colonies sans se préoccuper du risque d'y compromettre quand même et leurs personnes et leurs biens ?

Pourquoi donc exigeait-on alors ces certificats de haute moralité et de solvabilité, et ces justifications de capitaux disponibles, à défaut desquels on ne pouvait prétendre à LA FAVEUR d'une concession, et qui comportaient la double pensée de l'exploitation sérieuse et de sa longue durée ?

Serait-ce enfin parce qu'il aurait paru que l'exploitation des forêts est impossible, et parce que l'incendie sans cesse renouvelé en anéantirait toujours les produits aléatoires, qu'on aurait, en dernier lieu et disait-on par NOUVELLE FAVEUR, substitué à la redevance aléatoire, basée sur le produit, une redevance fixe, qu'il faudrait payer quand même?

La Commission de Constantine a pu varier d'opinion avec nous ; mais après cette divergence établie, il ne manquait pas de motifs aussi sérieux en fait et en équité qu'en droit pour légitimer les réclamations des concessionnaires, et rien n'empêchait dès lors la Commission d'apprécier plus justement l'importance de nos capitaux engagés, de nos pertes, et des indemnités qui nous sont dues.

Sur ces trois points, au surplus, les concessionnaires persistent, MONSIEUR LE GOUVERNEUR GÉNÉRAL, dans les chiffres et dans les calculs de leur premier mémoire du 31 décembre 1865, et ils repoussent énergiquement, faits, chiffres et preuves en mains, les assertions et les calculs de la Commission de Constantine, ses conclusions, et notamment cette proposition qui tendrait à leur offrir, comme indemnité, la remise des redevances, alors que le fait de l'incendie et du non-produit suffit en équité, en droit et en jurisprudence constante, pour en faire rejeter la réclamation, si elle se produisait avant le retour des récoltes.

Cette proposition ne comporte en effet aucune discussion sérieuse.

§ VI.

CONCLUSION.

Nous résumons en quelques mots, Monsieur le Gouverneur général, ces rapides observations.

En 1863 et en 1865, une étendue de 28,826 hectares de forêts de chênes-liége en exploitation a été volontairement incendiée par les indigènes.

Peu importe, au fond, le but que poursuivaient les incendiaires; le résultat est le même pour les incendiés.

Un capital de 3,890,000 francs a été employé par les concessionnaires à la mise en valeur de ces 28,826 hectares, qui devaient, à dater de 1866, commencer à leur donner une première récolte estimée 5,443,280 francs environ.

Ce capital et cette récolte ne sont plus représentés aujourd'hui que par 3,268,480 arbres morts et par 1,508,400 arbres survivants, mais dont le liége est atteint par le feu.

Cette situation se traduit ainsi :

Un premier capital perdu ;

Une première récolte perdue ;

Deux capitaux à trouver, pour restaurer les forêts incendiées et les aménager jusqu'à nouvelle récolte;

Douze années d'attente pour obtenir un quart de récolte;

Douze autres années d'attente encore, pour avoir un second quart de récolte;

Trente-six années d'attente pour faire une récolte entière;

Pendant douze ans, perte de l'intérêt de trois capitaux;

Après douze et vingt-quatre ans, restriction du produit au quart d'abord, puis à la moitié de l'intérêt du capital;

Au bout de trente-six ans, espérance, au cas le plus heureux, d'une récolte qui pourra couvrir l'intérêt seulement.

Telle est, monsieur le gouverneur général, la position faite aux concessionnaires fermiers par les incendiés et qui se substitue, par le fait des sinistres répétés, aux résultats favorables que leurs travaux et leurs capitaux engagés avaient si favorablement préparés.

Comme compensation, on leur offre, au nom de l'État, et à charge par eux d'exécuter des travaux considérables, la somme de 1,214,758 francs, non pas en indemnités à toucher, mais en réductions de fermage échelonnées jusqu'en l'an 1900 de notre ère, bien que la jurisprudence constante des tribunaux français ait établi que le loyer n'était pas dû en pareil cas; c'est-à-dire, qu'on leur offre de s'indemniser eux-mêmes sur ce qu'ils ne doivent pas.

Consultés sur ces propositions, nous nous bornons à déclarer à Votre Excellence, Monsieur le Gouverneur général, au nom de tous les concessionnaires de forêts en Algérie, sinistrés ou non, qu'il nous est impossible de les accepter.

En présence des graves sinistres qui nous ont atteints; en raison des circonstances qui se sont produites et quelles que soient les causes qu'on leur assigne; en raison de l'hésitation qui subsiste sur le droit de propriété et des troubles systématiques et ruineux dont la jouissance est encore menacée; en raison de nos pertes trop importantes et trop justifiées, il est impossible que le gouvernement ne trouve pas d'autres moyens d'indemnité plus réels et plus efficaces pour les concessionnaires, et plus dignes, en tous cas, de l'Etat, auquel toutes les voies réparatrices sont si largement ouvertes.

Nous espérons que le Conseil du gouvernement général de l'Algérie, appelé à donner un nouvel avis sur la question, prendra en très-sérieuse considération les observations que contient cette note en réponse au rapport de la Commission d'enquête de Constantine, et qu'il n'hésitera pas à proclamer, comme Votre Excellence elle-même, la nécessité de mesures de sécurité pour l'avenir et d'importantes indemnités pour le passé.

Nous avons l'honneur d'être, avec le plus profond respect,

Monsieur le Maréchal,

De Votre Excellence,

Les très-humbles et obéissants serviteurs.

Pour MM. DE MONTEBELLO, LUCY, BERTHON, BESSON, DUTREIH, JUBINAL, MARTINEAU DES CHESNEZ, NAUD ET ROSSIGNEUX, *membres de la Commission des délégués des concessionnaires de chênes-liége de l'Algérie,*

<table>
<tr><td>*Le Vice-Président,*</td><td>*Le Secrétaire,*</td></tr>
<tr><td>LUCY.</td><td>Bon G. MARTINEAU DES CHESNEZ.</td></tr>
</table>

ANNEXE.

COMMUNICATION

SUR LA LÉGISLATION FRANÇAISE EN MATIÈRE D'INCENDIES DE FORÊTS.

RAPPORT AU GOUVERNEUR GÉNÉRAL.

Examen des propositions de M. le Général commandant la division de Constantine et de M. le Préfet du département, pour l'application du principe de la responsabilité collective des tribus réputées coupables ou complices des incendies de forêts de la province de Constantine.

Au mois d'août et de septembre derniers (1863) un immense incendie, qui s'est étendu de la Calle aux portes de Philippeville et jusqu'aux forêts de Collo et de Bougie, a éclaté presque simultanément sur tous les points de cette partie du territoire : 42,000 hectares ont été ravagés par le feu; 8,000 hectares ont été entièrement détruits, etc., etc...

Dans ces derniers temps, M. le ministre de la guerre a manifesté des scrupules relativement à l'application de la responsabilité des tribus en matière d'incendie des forêts. Cette opinion a été partagée par quelques personnes; on a vu là l'exercice d'un droit exorbitant, et l'on a oublié que, si cette législation, qualifiée de terrible par le maréchal Bugeaud, ainsi que le rappelle la dépêche de M. le maréchal Randon, trouve sa justification en Algérie, c'est surtout en matière d'incendie de forêts, car elle n'est après tout que l'application à l'Algérie de règles qui ont été, pendant des siècles, le droit commun de la métropole.

Or, ceci posé, il n'est personne qui puisse raisonnablement trouver étrange qu'en cette matière on traite les populations indigènes autrement que n'ont été traitées les populations françaises à une époque très-peu éloignée de nous.

Aussi, peut-on être autorisé à dire que la responsabilité des tribus dût-elle être supprimée en matière de crimes et délits ordinaires, elle semblerait devoir être maintenue en matière d'incendies des forêts, pendant de longues années encore.

Pour vous édifier complétement, Monsieur le Maréchal, sur la question des pénalités applicables aux incendies de forêts, je crois devoir rappeler ici sommairement les textes anciens et nouveaux.

L'article 32 du titre 27 de l'ordonnance de 1660, portant défense d'allumer du feu, en aucun temps, dans l'intérieur des forêts, ou à une distance moindre de 100 mètres, est toujours en vigueur.

La déclaration du roi, du 13 novembre 1714, portait ce qui suit : « Nous avons, par
» ces présentes, signées de notre main, dit, déclaré et ordonné, disons, déclarons et
» ordonnons, voulons et nous plaît, que les pâtres et tous autres qui seront convaincus
» d'avoir porté du feu ou d'en avoir allumé dans nos forêts, landes et bruyères, et celles
» des communautés et des particuliers, ou d'avoir fait du feu plus près d'un quart de
» lieue des dits bois, landes et bruyères, seront punis, pour la première fois, de la peine
» du fouet et de celle des galères en cas de récidive ; voulons que ceux qui, de dessein
» prémédité, auront mis le feu dans les landes et bruyères et dans les autres lieux des
» dits bois et forêts, soient punis de mort, et que tous ceux qui auront causé des in-
» cendies dans les dits bois et forêts, soient condamnés, outre les peines ci-dessus, en
» telle amende qui sera arbitrée par nos juges et aux dommages-intérêts soufferts par
» les propriétaires des dits bois. »

L'article 434 du code pénal de 1810 punissait de la peine de mort les incendiaires de forêts ; la peine est aujourd'hui des travaux forcés à perpétuité.

Voici, quant à la responsabilité collective, les textes anciens relatés par Baudrillart, dans son *Traité général des eaux et forêts*. Après avoir rappelé la déclaration précitée du 13 novembre 1714, enregistrée au parlement de Bretagne le 20 mars 1715, il ajoute (page 146) :

« Comme le plus souvent ce sont les riverains qui mettent le feu dans
» les forêts, afin que, dans les cantons incendiés, il repousse de meilleure herbe pour
» leurs bestiaux, on a voulu remédier au mal en leur ôtant toute espérance d'en pro-
» fiter. C'est pourquoi, par arrêtés des 29 juin 1728, pour Fontainebleau, 25 avril et
» 13 juin 1741, pour la Bretagne, il est expressément défendu aux usagers et à tous
» autres d'envoyer, sous quelque prétexte que ce soit, pendant cinq ans, à compter du
» jour de l'incendie, leurs bestiaux dans les landes et bruyères où le feu aura été mis
» et d'en approcher plus près d'une demi-lieue, à peine de confiscation des bestiaux et
» de 500 francs d'amende, qui ne pourra être réputée comminatoire, et de plus
» grande peine s'il y échoit.

» Par arrêt du 12 octobre 1756, il a été fait expresse défense à tous bergers, valets,
» métayers et autres personnes sans distinction, de mettre le feu aux landes, bruyères,
» garrigues, bois et devois, sous quelque prétexte que ce soit, dans toute l'étendue de
» la province de Languedoc, à peine, pour la première fois, de punitions corporelles, de
» 100 francs d'amende et de tous dépens, dommages et intérêts, et, en cas de récidive,
» d'être punis comme incendiaires publics ; ordonne que, dans le cas où les auteurs des
» incendies ne pourraient être découverts, tous les bergers des communautés dans le
» terroir desquels seront situés les bois, landes, bruyères et garrigues où le feu aura
» été mis, seront condamnés solidairement, non-seulement au paiement du dommage
» causé par l'incendie, mais encore à une amende de 300 francs, sauf aux bergers à
» déclarer celui qui aura mis le feu. »

Par tous ces motifs, j'ai l'honneur de proposer à Son Excellence M. le Gouverneur général de décider que, pour l'application du principe de la responsabilité collective des tribus :

1° Les propositions du Général, Commandant la division de Constantine, sont approuvées ;

2° Que celles du Préfet de Constantine sont réduites de moitié ;

3° Que, conformément au deuxième paragraphe de la décision du 24 juillet 1861, les troupeaux des tribus ou fractions de tribus réputées coupables seront exclus des pâtu-rages dans les forêts incendiées;

4° Enfin, que le produit des amendes qui font l'objet du présent rapport sera encaissé par le service des contributions diverses, à la cinquième partie du compte des recettes, (opérations de trésorerie, consignations, etc.) sous la rubrique : « Amendes collectives pour incendies de forêts. » Des décisions ultérieures du Gouverneur Général régleront le mode et la quotité de la répartition entre les ayants-droit aux sommes ainsi consignées.

Le Conseiller d'État,

Directeur général des services civils,

Signé : MERCIER-LACOMBE.

Approuvé :

Le Gouverneur général

Signé : Maréchal PÉLISSIER, DUC DE MALAKOFF.

IMPRIMERIE CENTRALE DES CHEMINS DE FER. — A CHAIX ET Cᵉ, RUE BERGÈRE, 20, A PARIS. — 4956